Transcultural discourses

Kulturstiftung Sibirien

Natürlich, Mensch sein

Ralf Wojtkowiak

Verlag der Kulturstiftung Sibirien
SEC Publications

Bibliografische Informationen
der Deutschen Nationalbibliothek:
Die Deutsche Nationalbibliothek verzeichnet diese
Publikation in der Deutschen Nationalbibliografie:
detaillierte bibliografische Daten sind im Internet über
<http://dnb.d-nb.de> abrufbar.

Umschlagfoto:
Am Paulssee, Kornelia Gade, 2013.

Gestaltung:
Kulturstiftung Sibirien gGmbH, Fürstenberg/Havel

Herstellung:
Books on Demand GmbH, Norderstedt

ISBN: 978-3-942883-18-4

Printed in Germany

INHALT

Menschliche Abgründe

Vorwort

Die hier vorgestellten Gedichte sehen den Menschen in seinen Beziehungen zur Natur, zu seinen Mitmenschen und zu sich selber – so schön, so banal, aber auch so grausam sie sich immer darstellen können. Sie sprechen von Gefühlen, die in einem wachsen, aber auch von Gefahren, die ein oft unverantwortlicher Umgang mit uns, mit anderen und mit der Natur nach sich ziehen können.

In kleinen, eindringlich verdichteten „Bildern" und „Erzählungen" geht der Blick auf unser Innerstes und versucht unsere natürlichen Energien zu erfassen, die so viel Einfluss auf unser Dasein nehmen, indem wir uns darin üben, sie wieder stärker wahrzunehmen. Wir spüren sie im Alltag, in unserer beruflichen Tätigkeit und besonders in der Liebe – in der Liebe zu anderen Menschen und auch in der Liebe zur Natur. Hier vereinigen sich archaische Gefühle mit dem unmittelbar Erlebbaren, wenn wir bereit sind, uns diesen Verbindungen zu öffnen.

Gerade hier ist der Blick auch über den Tellerrand erlaubt und der Bezug zu den indigenen Völkern dieser Welt unerlässlich. In meinem Fall richtet sich dieser Blick auf die Völker Sibiriens, vor allem auf die in Kamtschatka im Osten jenes Landes. Die diesen Völkern eigenen und naturverbundenen Lebensformen, die immer stärker bedroht und zerstört werden, könnten uns so viel geben, wenn wir diese nur näher an uns heranlassen würden. Statt voneinander zu lernen und gemeinsam aus allem das Sinnvolle zu verbinden, sind wir auf der Suche nach dem „Mehr“, anstatt das Vorhandene in einen friedvollen Einklang zu bringen. Gerade daraus könnte sich ein tieferes Verständnis für ein intensiveres Miteinander und mehr Natürlichkeit entwickeln.

Nicht unberücksichtigt bleiben darf daher bei einer solchen Betrachtung auch die dunkle Seite unserer Seele, die Grausamkeiten, die sich einstellen, sich entwickeln können, wenn die natürlichen Grundlagen unseres Seins durch äußere Einflüsse, schlimme Erfahrungen und Erlebnisse zerstört werden. Auch das ist ein Bestandteil unseres Lebens.

Dieser kleine Band umfasst somit viele Facetten unseres Daseins. Er möchte zum Nachdenken und Nachfühlen anregen. Ich glaube, dass wir alle etwas aus unserem Alltag und unseren bisherigen Erfahrungen darin wiederfinden. So werden Erinnerungen, Gedanken, Gefühle geweckt, die sich Raum schaffen und sich somit weiterentwickeln können. Begleiten Sie mich auf dieser kleinen Entdeckungsreise in unser eigenes Innerstes, zu unseren natürlichen Wurzeln. Wenn dies gelingt, hat das kleine Buch seinen Zweck erfüllt.

Ich wünsche Ihnen beim Lesen meiner Gedichte Inspirationen für ein natürliches Leben.

Fürstenberg/Havel, im Dezember 2013

Ralf Wojtkowiak

Geh voran

Oh du Erzähler, wofür du wohl stehst?
Du erzählst mir vom Leben, dass nichts mehr geht.
Warum zum Teufel soll ich was tun,
könnt doch viel besser wunderbar ruh'n!

Nicht Ruh'n und Nichtstun ist Lebenssinn,
so treibt man nur ziellos, banal dahin.
Sieh diese Welt, sieh ihr Potenzial,
sicher weit weg vom schönen Ideal.
Doch lohnt sich für sie all Energie,
jedweder Kampf, nur Aufgabe nie!

Setz Segel, geh voran, zeig ein Gesicht.
Gedanken, Ideen, vor allem 'ne Sicht.
Bezieh Stellung, 'nen Standpunkt, zeig Kante dazu,
lass die Zerstörer so niemals zur Ruh.
Denn so und nicht anders, kannst wetten,
ist dieser Planet noch wirklich zu retten!

Miteinander

Sie wollen Dir erzählen,
was heut wirklich wichtig ist!
Vom Geld, es zu vermehren,
von Erfolg und auch der List.

Wer spricht heut noch vom Menschen,
dem der neben, dem mit Dir.
Einem guten Miteinander,
gerade jetzt und gerade hier.

Welches Leben hat mehr Wert,
womit mehr es wirkt geglückt?
Das am goldenen Kalbe zerrt
oder liebevoll entzückt!

Raffen kann nicht sein der Sinn,
Gier führt nie zum guten Ende.
Sieh den Nächsten, geh dort hin,
sei so Teil der großen Wende!

Sieh das Wir, sieh unser Ziel.
Wir gemeinsam und bedächtig,
werden Egos nicht zu viel,
sind wir allemal mehr mächtig.

Wandel

Du bist anders nicht wie wir,
heißt so viel wie bleib nicht hier.

Unser Gleichsein hat schon Sinn,
jeder weiß sofort wohin.

Dein Verhalten kolportiert,
es geht anders, was verwirrt.

Selber denken, meinen, handeln,
könnte einige schon wandeln.

Aus dem einem werden mehr,
dessen werden wir nicht Herr.

Und so wird aus einem schon,
wenn's gelingt Revolution!

Gefühle

Sie sind nicht planbar,
kommen und gehen.
Manchmal kaum wahrnehmbar,
selten zu übersehen.

Manche kann man unterdrücken,
entfliehen kann man ihnen nicht.
Wenn sie auf die Pelle rücken,
verändern sie die Sicht.

Machen mutig oder traurig,
lassen fliegen, legen Blei.
Manchmal wird es wirklich schaurig,
manchmal fühlt man sich so frei.

Fragst woher sie einfach kommen
und warum sie wieder gehen?
Kannst darüber lange sonnen,
doch am Ende kaum verstehen.

Nicht Verstand ist hier der Meister,
deine Seele hat die Macht.
Vergiss des Hirnes Kleister,
gib aufs Innere mehr Acht!

Sinn

Frage immer nach dem Sinn,
immer auch nach dem Wohin.
Sei kein Lemming ohne Wort,
schick den eigenen Kopf nicht fort.
Bilde selber Meinung dir,
äußre diese dann auch hier!

Abb. 1: Kinderzeichnung der Nanai

Einfach verdient

Das Leben so häufig banal,
ganz selten ein großes Fanal.
Im Alltag oft wenig glamourös,
schon eher beschwerlich, seriös.

Für jeden doch trotzdem von Wert,
ob im Büro, auf 'm Bau oder am Herd.
Ein jeder ein Recht hat auf Glück!
Ein jeder verdient von der Torte ein Stück!

Mahner in der Wüste

Du sprichst zeitig weise Worte,
die doch keiner hören wollte.
Warst zur rechten Zeit am Orte,
dem keiner Blicke zollte.

Du warst Mahner in der Wüste,
welch Ignoranz war in der Welt.
Heut Museen ziert deine Büste,
wirst verehrt als großer Held.

Doch warum so spät die Ehre,
damals war es an der Zeit.
Darum lass uns zieh'n die Lehre,
so verhindern wir viel Leid!

Abb. 2: Kinderzeichnung der Nanai

Der Alte

Bin nun ganz schön alt geworden,
hab besiegt doch reichlich Sorgen.
Blick zurück mit mancher Falte,
bin für viele nur der Alte!
Kann nicht rennen mehr so schnell,
bin im Kopf aber noch hell.
Stehe gern mit Rat zur Seite,
such' bei Stress nicht gleich das Weite.
Jugend sicher vorteilhaft,
Energie, die vieles schafft.
Doch so manches emsig Tun,
fehlt Erfahrung und das Ruh'n.
Weisheit hat enorme Kraft,
die so einiges erschafft.
Schon in früherer Kultur
und auf mancher großen Tour,
der Erfahrene von Wert
und entsprechend auch verehrt.
Will nicht stöhnen, will nicht klagen,
wollt es einfach nur mal sagen!

Der Sinn des Redens

Können Wolken auf Dauer
die Sonne versperr'n?

Kann Schweigen den Kummer
ins Gegenteil verkehr'n?

Wie der Wind schafft der Sonne
den notwendig Raum.

Ist Reden fürs Leben
wie für den Wald der Baum!

Friedhofsalltag

Trauer zeichnet ihr Gesicht,
vor ihr steht das kleine Licht.
Unterm Schirm allein im Regen,
bitten Lippen leis um Segen.

Gestern noch sie war 'n zu zweit,
nun die Leere gar so weit.
Wieso, warum, weswegen?
Und immer, immer Regen.

Abschied ja, doch nun für immer,
kein Gefühl ist wirklich schlimmer.
Beten für ein Wiedersehen
und dann, allein nach Hause gehen.

Friedhofsleben Tag für Tag!
Friedhofsalltag Sarg für Sarg!

Träne

Eine Träne der Trauer
die Wange berührt,
den Anderen, der sauer,
zum Umdenken führt!

Wahl

Du kannst die Wahl haben!
Und doch!
Machtlos sein!

Egal

Egal, welch grässlich Begriff,
gleich fürs Schiff das tödliche Riff.
Als Gefühl noch schlimmer denn Wort,
verlässt's doch jedwed menschlichen Ort.
Bildet so nur Gleichgültigkeit,
die lieblos sich mit Nichtstun freit.
Drum denk oder sag niemals egal,
nur so hast im Leben du eine Wahl.

Kaffeehauszeit

Geh so gerne ins Café,
trink dort gerne 'nen Kaffee.
Sitz allein an einem Tisch,
ob es heiß ist oder frisch.
Menschen kehren ein und aus,
liebe innig so ein Haus.
Kann verweilen, kann besehen,
kann gut schweigen, kann verstehen.
Stimmen, die sich überschlagen
oder andere was fragen.
Kuchentheken laden ein
zu so manchen Schmeckerlein.
Sonnenschein oder Dämmerlicht,
Tageszeiten zählen hier nicht.
Jede Zeit ist hierfür gut,
weil mein Leben hier gern ruht!

Kaffeepause

Ach du schwarzer, starker Sud,
tust mei 'm Innern wirklich gut.
Schon dein Duft, wenn du so brühst,
dann so simple vor mir glühst.
Ich mit Freude an dir nippe,
spür dich sanft auf meiner Lippe.
Fährst zum Gaumen, durch die Röhre,
ich mein Glück im Magen höre.
Kann Minuten so verweilen,
kann entfliehen so dem Eilen.
Kleine Kaffeepause gut,
wenn die Seele kurz mal ruht!

Gleisenreise

Ich bahne durchs Land
querwegs Richtung Osten,
seh viel Schienenstrang,
viel Patina, viel Rosten.

Mein Blick fällt nach draußen,
vorbei rasen Felder.
Sitz innen, sie außen,
vertauscht nur mit Wälder.

Ab und an eine Stadt,
ein Dorf oder so.
Die Zeit dreht am Rad,
meine Stimmung ist froh.

Viel Mensch, viel Gewirr,
eine Mischung mit Leben.
Für sich eine Zier,
kann jeder was geben.

Mal Lachen, mal Stille,
ein Blick, ein Wort.
Auch lesen mit Brille,
wohlmöglich mit Mord.

Man lernt wieder Sinnen,
hört Stimmen zugleich,
mal sprechen zwei Finnen,
Erleben so reich.

Kultur so verschieden,
gefangen im Raum.
Doch friedlich entschieden,
wie sonst nur im Traum.

Poesievolle Namen
auf Tafeln und Schildern,
bilden gern Rahmen
zu lustvollen Bildern.

Ein Tag so auf Gleisen,
Zug leer und mal voll,
schafft Liebe zum Reisen,
ohn Hektik voll toll!

Abb. 3: Am Stechlinsee in Neuglobsow

Am Stechlin

Wellen fließen in Muße und Ruh,
benetzt nur durch Strahlen, die funkeln dazu.
Bäume als Zeugen Jahrhunderte alt,
am Ufer erstreckt sich unendlich ein Wald.
Die Stille nur Stimmen von Vögeln durchbricht,
durch Äste ganz sanft fällt wärmendes Licht.
Wind spielt auf Blättern sein eigenes Lied,
Sanftmut und Ruhe erfasst jedes Glied.
Geerdet, verwurzelt, angekommen für immer,
wird dieser Ort mein Seelenzimmer.

Abb. 4: Der Peetsch

Der Peetsch

See so still und klar,
kaum zu glauben, aber wahr,
du zuvor ein Eisklotz warst,
nun betörend glitzern darfst.

Trägst den Zauber lang in dir,
warst vor allem Leben hier.
Schenkst nun diesen so viel Kraft,
fast schon göttlich, was du schaffst.

Demut hier so angebracht,
was Natur doch hat für Macht.
Menschenhand wird dies nie schaffen,
daher staunen, lieben, lassen!

Abb. 5: Baalensee

Drei Seen-Ort

Ich suchte mal Ruhe,
'ne Höhle, 'ne Truhe;
ein Platz nur zum Denken,
zum kurzen Versenken.

Wollt treiben wie Wellen,
wollt aufhör'n zu bellen,
wollt schleichen statt rennen,
wollt verbinden statt trennen.

Fand 'nen Ort weit im Osten,
mit Häusern, die rosten.
Dacht kurz hier zu weilen,
der Hektik enteilen.

Fand Menschen so herrlich,
so nicht mehr entbehrlich.
Natur so unfassbar,
für mich nicht mehr lassbar.

Hielt inne, verliebt
und die Ruhe, sie blieb.
Will zurück nicht mehr geh'n,
angekommen an drei Seen.

Abb. 6: Im Bahnhofspark (Alter Friedhof), Fürstenberg

Mein Baum

Da steht er alt und groß,
an seinen Füßen klebt schon Moos.
Sein Stamm Jahrhundert alt,
besitzt erhaben Höhlen, Risse, Falt.
Drin haust und siedelt gern Getier,
so pralles Leben gibt es hier.
Sein Dach auch Krone wird genannt,
ist mehr als nur ein grünes Band.

Hat Hände, Arme, Beine, Bauch
und selbst atmen tut er auch.
Willst du behaupten mickrig klein,
das soll kein Lebewesen sein?
Wenn du schon wieder bist nur Staub,
er immer noch trägt üppig Laub.

Abb. 7: Am Ziemsee in Kleinmenow

Seenland

Ich ging, ich ging ins Seenland
vorbei an altem Baumbestand.
Pappeln so weise und märchenhaft,
wohlige, natürliche Ruhe schafft.

Die Sinne unstillbar empfangsbereit,
sich elementare Kraft befreit.
Still, doch so strotzend, Auenwald,
dahinter flüsternd strömt's geballt.

Wasserläufe umspülen das Land,
verfolgt von Menschenblick gebannt.
Schilf am Ufer versteckt Vogelwelt,
dient klarem Nass als schützendes Zelt.

Vertraut treiben Boote im Spiel der Wellen,
befunkelt von blitzenden, kleinen Zellen.
Glaubt man zu träumen und fühlt sich befreit,
hier spielt Natur auf ewig mit Zeit.

Abb. 8: Am Moderfitzsee in Himmelpfort

Kleines grünes Ruderboot

Ach kleines grünes Ruderboot,
was machst du nur in deiner Not?
Bist alt und dümpelst so am Ufer,
hörst selten noch nach dir ’nen Rufer.

Bist müd geworden mit den Jahren,
warst gern gesucht, bist viel gefahren.
Hast jede Welle voll genommen,
bist wie ein Hecht im See geschwommen.

Hast viele Bäume wachsen sehen,
genau wie Menschen, kommen und gehen.
Heute wollen sie Motor und Kraft,
glauben, das wäre des Lebens Saft.

Doch ich werd dich aus der Taufe heben,
will dir neues Leben geben.
Mir bist du nun ein treuer Gefährt,
weil mich das Leben was anderes lehrt.

Abb. 9: Havelpark, Blick auf die Siggelhavel

Havelbäumchen

Wär ich ein Setzling und könnte selbst wählen,
ich würd meinem Pflanzer ganz dringlich erzählen.
Setz mich an des Havels Ufer ein,
denn dort kann ich endlos glücklich sein!

Seeadlerjagd

Du kreist so erhaben am Himmel dort droben,
alles gespannt, dein Kopf wirkt erhoben.
Im See sich noch tummeln die Fischlein entspannt,
sie ahnen noch nicht 's, doch du folgst gebannt.

Auf einmal für wahr, die Zeit ist gekommen,
du lässt dich fallen, es wirkt so vollkommen.
Du schießt wie ein Pfeil in die Tiefe hinab,
berührst wie im Hauch, es macht nur noch
schnapp!

Natur ist ein Kreislauf aus Leben und Tod,
des einen Erfolg ist des anderen Not.
Was bleibt ist Erkenntnis im Leben,
alles ist Nehmen und Geben.

Wilde Bienchen und Blümchen

Melodiös wir hören ihr Summ, Summ, Summ,
wenn sie so kreist um die Blüte 'rum.
Der Kenner sie auch die Wilde nennt,
dabei der ein oder andere sie gar nicht kennt.
Denn Honig, den süßen sie nicht produziert,
womit sie jedoch nicht Bedeutung verliert.
Kein Schwarm indem zuhause sie ist,
sie lieber für sich alleine frisst.
Nektar und Pollen ihr Nahrung sind,
dazwischen sie wiegt beschwinglich im Wind.
Der Frucht sie ungemein dienlich ist,
die nur am Leben durch diese List.
Was nutzt's uns, wird mancher nun fragen,
genau dies will ich hiermit sagen.

Vieles von dem, was wir essen gern,
wär ohne die Puschel's unendlich fern.
Sei's Obst, sei's Gemüse, selbst Kaffee ja, ja,
ohne ihr tun wär nicht viel davon da.
Nun glauben so manche mit Gift zu hantieren,
man wird so gewinnen, hat nicht's zu verlieren.
Den Frevel zu stoppen ist Ziel dieser Zeilen,
bevor es zu spät, wir müssen schon eilen.

Denn Blümchen und Bienchen gehören
zusammen,
wer das nicht begreift, hat nicht alle beisammen.
Ein jeder im Kleinen sollt hier etwas tun,
erst wenn Natur natürlich, sollten wir ruh 'n !

Abb. 10: Am Hegensteinbach

Tod und Ende?

Wir nennen diesen Baum nun Tod,
obwohl noch Leben in ihm wohnt.
Was will Natur damit uns sagen,
es gibt am End wohl doch noch Fragen.

Abb. 11: Wald am Paulssee

Wege bestimmen

Wer den Wald
vor lauter Bäumen
nicht sieht,
sollte nicht für die Wege
verantwortlich sein!

Abb. 12: Am Stolpsee

Seemomente 1

Wellen spielen mit den Booten,
keine Hektik hier geboten.
Selbst die Haltetaue baumeln,
hier kann Seelenleben taumeln.

Seemomente 2

Sonnenstrahlen benetzen so sanft meine Haut.
Schattenspiele durch Äste, zu hören kein Laut.
Am See so zu sitzen, wie Gott mich schuf.
Wenn ich so verweile, hör ich seinen Ruf.

Abb. 13: Blätter im Sonnenlicht

Seemomente 3

Ich lieg auf dem Rücken
und schau voll Entzücken,
durch birkiges Blüh'n.
Seh Erlen so grün,
und blau ist der Rahmen,
ein huldvoll Verzahnen.
Ein Bild so zum Schmücken,
was kann mehr beglücken.

Abb. 14: Am Peetsch

Seemomente 4

Wellenkinder spiegeln Sonnenbilder,
auf des erlengrünen Laub.
Kleine Lichterflusen
sausen über Astgewirr.
Ach wie gern mag ich verweilen
an so sonderwunschen Ort.

Abb. 15: Am Peetsch

Seemomente 5

Verstohlen lugen kleine Buchten hervor,
sanft wiegt sich Schilf empor.
Wellen streifen gemächlich den Sand,
sickern so milde in das Land.

Libellen tanzen über Glitzerperlen,
nutzen Schatten alter Erlen.
Zeit verliert so sehr Gewicht,
Sanftmut legt sich auf 's Gesicht.

Alles Verbunden, natürlich Band,
hier der Platz, wo mein Herz sich fand.

Seemomente 6

Wolkenspiele vor himmlischem Blau,
rücklings liegend verfolg ich's genau.
Schattenspiele im gleißenden Licht,
Theater umsonst, besser geht es nicht.

Seemomente 7

Kleine Familie auf Wiese platziert,
Schatten gespendet von Erle, die ziert.
Fröhliches Klingen von Stimmengewirr,
alle sind glücklich zu sitzen hier.

Blick fällt auf's Wasser, unfassbar klar,
Wellengeplänkel so herrlich nah.
Wohliges Tummeln steht alsbald an,
urig Natur ruft sie schon ran.

So soll es sein, so spürt man gleich,
dass uns Natur macht unendlich reich.
Genießen wir dies und halten es fest,
geben uns Muße und ihr nicht den Rest!

Seemomente 8

Ach der Wind spielt Sinfonie,
die du hörst woanders nie.
Erlengrün wiegt sanft im Chor,
dringt so lieblich an dein Ohr.
Hier du kannst so herzlich lassen
und die ganze Welt doch fassen.

Seemomente 9

Kleine Mücke Nimmersatt,
suchst 'ne Speise, wirst nicht matt.
Doch bei mir mach lieber Wende,
sonst droht dir ein schnelles Ende.

Seemomente 10

Kleiner Barsch am Seengrund,
umstreifst des Schilfesfußes Rund.
Kann dich sehen, dein Haus so klar,
paradiesisch, wunderbar!

Abb. 16: Am Röblinsee

Seemomente 11

Entenfamilie lässt sich treiben,
Ruhe sich kann einverleiben.
Laute nur von Natur erzeugt,
Mensch sich davor nur noch verbeugt.
So viel erhaben wunderbar,
Seelenfrieden, wird endvoll wahr.
Hektik und Lärm so weit entfernt,
jeder für sich dabei einfach lernt.
Fühlt man sich hier so richtig ein,
entdeckt man ganz simpel natürlich sein!

Abb. 17: Am Stolpsee in Himmelpfort

Seemomente 12

Wellen streicheln sanft das Land,
Astgrün und Schilf bilden huldvoll Band.
Vogelgezwitscher folgt Ententon,
wunderbarer Wanderslohn.
Boote am Kai, nur durch Wellen bewegt,
alles zusammen die Sinne erregt.
Kein Trubel der Welt konkurrieren kann,
denn hier kommt der Mensch bei sich selber an!

Abb. 18: Am Hegensteinbach

Urwald

Gebt dem Urwald endlich Raum,
lasst ihn gedeihen, Baum für Baum.
Wo steckt der Sinn in Reih und Glied,
nur durch wildes Laub weht urig Lied!

Frühlingsboten

Morgenzwitschern welch Genuss,
Augen auf und kein Verdruss.

Stimmen aus Sträuchern und Bäumen
beenden so friedlich das Träumen.

Genieße den Frühlingsmorgen
und gönn dir Minuten ohn Sorgen.

Der Tag noch bringt genug Gewirr,
drum halt ruhig mal inne hier!

Novemberregen

Es fließt so sehr ohn Unterlass,
vom Himmel dem so grauen,
einem Vorhang ähnlich, nass,
sich überall schon Rinnsal bauen.

Kein Fuß bleibt trocken,
kein Mütz hält stand,
schon feucht die Locken,
ein wässrig Band.

November ach du grauer Raum,
schaffst wenig Lust aufs Wandeln.
Schau lieber durch die Scheib zum Baum
und ess geröstet Mandeln.

Indigenes Leben

Seit Jahrhunderten sie leben schon dort,
lange vor uns bewohnten sie diesen Ort.
Ihr Leben so von Natur geprägt,
dass es beim Hinsehen das Herz bewegt.

Ihr Alltag nicht einfach und doch so zu nennen,
dabei ihre Weisheit ihr nicht sollt verkennen.
Sie lesen das Leben aus all seiner Pracht,
lernen so alles und das auch noch sacht.

Wie Schilf sich im Wasser den Wellen anpasst,
alles im Einklang bei ihnen sich fasst.
Wir sollten verneigen uns vor dieser Kraft,
die einzig ein solche Gemeinschaft schafft.

Stattdessen wir ziehen wie Strolche dort ein,
zerstören ihr Haus, ihr Leben, ihren Schrein.
Was fällt uns nur ein so barbarisch zu handeln,
ihr ganzes Dasein so grausam zu wandeln.

Statt zu lernen und gemeinsam zu ringen,
um diese Welt wirklich weiter zu bringen.
Wir stülpen über, was Kultur wir so nennen,
dabei zählen nur Mammon, nur Gier und das
Rennen.

Am Ende zerstören alles wir so,
ihre Gemeinschaft, ihre Heimat, Natur sowieso.
Doch unser vermeintlich Sieg hat kaum Dauer,
auch unser End liegt schon auf der Lauer.

Abb. 19: Siedlung in Kamtschatka

Lachsla(e)ichen

Oben am Fluss sie stehen vergeblich,
wobei ihr Tun doch eigentlich redlich.
Was kommt soll erhalten ihr Dasein, ihr Leben,
bringt Nahrung für Lange, bringt unendlich
Segen.

Unten am Fluss ist's den Männern egal,
von ihnen kennt keiner so tiefe Qual.
Spannen das Netz in die tobende Gischt,
worauf alles Leben auf einmal erlischt.

Oben am Fluss wird das Leben so schwer,
wo bringt man nun neue Nahrung her?
Generationen fischten hier mit Verstand,
so hatte der Mensch und das Tier auch Bestand.

Unten am Fluss treibt die Gier ihre Blüte,
keiner der Blicke zeigt irgendwelch Güte.
Nur schnell muss es gehen, voran muss man's
treiben,
egal wie viel Mensch, wie viel Tier muss leiden.

Oben am Fluss fließen Tränen, was nun,
was soll man gegen solch Frevel tun?
Bleiben und wehren, ein lohnendes Handeln,
erreicht man so den erhofften Wandel?

Unten am Fluss, das Massaker nimmt Ende,
in Unschuld wäscht keiner hier seine Hände.
Blutüberströmt, von Tod nur umgeben,
möchte man am liebsten sich so übergeben.

Oben am Fluss treibt Sorge zur Flucht,
vielleicht gibt 's woanders ne lebende Bucht!?
Doch auch dort wird's vermutlich nicht lange
dauern,
auch dort wird die Gier wieder gnadenlos lauern!

Abb. 20: Fischfang einheimischer Korjaken oben am Fluss

Abb. 21: Rentierhalter auf Kamtschatka

Unser Schicksal

War 'n schon lange vor euch hier.
Natürlich war für uns nicht nur Prinzip.
Euch war 's egal, ihr ward ja IHR,
zerschlugt das Leben mit 'nem Hieb.

War unser Dasein Einklang pur,
verbinden so doch alles hier;
wir lieben Mensch, Getier, Natur,
bedingt nur dies gemeinsam unser WIR!

Haben doch nur so Identität,
sind so verbunden mit dem Land.
Ihr kommt doch viel zu spät
und drängt uns trotzdem an die Wand.

Die Gier in euern Augen glüht,
ihr verwüstet – gnadenlos.
Was früher wundervoll erblüht,
interessiert doch am Rande bloß.

Am Ende droht so nichts zu bleiben,
nichts für uns, auch nichts für euch.
Wird sich rächen euer Treiben,
unser Schicksal, eure Seuch!

Abb. 22: Fest der Itelmenen auf Kamtschatka

Kamtschatkas Erbe

Zwei Millionen Jahre alt,
voll von ursprünglich Gewalt.
Von Kosaken du endeckt,
Gott was alles in dir steckt.
Lodernd Glut so in dir tobt,
deine Erde gerne wobt.
Reich an Schätzen bist du sehr,
von den Bergen bis zum Meer.

Doch ausgebeutet wird dein Land,
ganze Völker sind gebannt.
An den Rand gedrängt, verloren,
wo sie doch fürs Land geboren.
War ihr Leben Einklang pur,
so verbunden der Natur.
Nutzten alles so verträglich,
nun ihr Dasein eher kläglich!

Natürlich, Mensch sein!

Was tut Mensch sich denn so an?
Immer schneller, immer weiter, immer fun!
Glaubt er wirklich, das geht gut?
Nach der Ebbe kommt die Flut!

Alles was den Mensch zum Menschen macht,
sich vom Beginn in ihm entfacht.
Diese innere Vollkommenheit,
leider trägt Vergänglichkeit.

Alle Laut um ihn herum,
machen diese Weisheit stumm.
Drängen, zerren, ziehen ihn raus,
aus dem so vollkommenen Haus.

Lassen glauben ihn so sehr,
draußen gibt es so viel mehr.
Dabei wohnt in ihm die Kraft,
die als einzige es schafft.

Bei dem allseits tumben Gieren,
sich nicht gänzlich zu verlieren.
Sie dem Einzelnen gibt Sein,
ihn bestärkt und nicht macht klein!

Nur so wird ihm dann gelingen,
in natürlich, zähem Ringen,
um ihn rum 'ne Welt zu schaffen,
die nicht nur bestimmt vom Raffen!

Die auf das zählt, was von Dauer,
wo nicht jeder liegt auf Lauer.
Die erlaubt noch frei zu denken,
ja das können wir uns schenken!

Dazu muss man innehalten,
muss mit Umsicht, sachte walten.
Muss der inneren Stimme trauen,
so lässt Zukunft sich erbauen!

Abb. 23: Am Paulssee

Abb. 24: Kinderzeichnung der Nanai

Schmetterlingsliebe

Ach, wie warst du mir schon erhaben,
als dein Blatt mir Heimat war.
Kann dir gar nicht sagen,
wie beglückt als ich dich sah.

Kleine Raupe ich, nicht stark,
du voll Glanz, voll Sinfonie.
Mitten im verzückten Park,
hab geglaubt, du siehst mich nie.

Gabst ein Dach, gab 's Schatten mir,
Schutz und Halt dazu.
Ließ verpuppen mich bei dir,
ohne Eile, ganz in Ruh.

Dann die Stunde, zittern, beben,
Schönheit, Freiheit, drang hinaus.
Fühlte Freiheit, fühlte Leben,
wollt die Welt, wollt nur noch raus.

Kam als Nichts und war dir wert,
hatte nur mein kleines Sein.
Bin nun Schmetterling, verehrt,
und auf immer, immer dein!

Erlieben

Es begann, ja wie begann es denn,
im langsamen Erforschen des Seins des Anderen.
Worte, Sätze, Blicke schauen,
still und sanft entstand Vertrauen.

Erst nur Freundschaft, die erblühte,
sich um Zweisamkeit bemühte.
Ließ Gefühle leis entstehen,
ließ den Andern anders sehen.

Plötzlich Sehnsucht Eingang fand,
sich mit Sinnlichkeit verband.
Tiefe Nähe nun entstand,
liebevolle Wonne, wie gebannt.

Sich ein Leben so erlieben heißt,
keiner dies mehr niederreißt.
Wenn zwei Seelen sich so finden,
Liebe kann auf ewig binden.

Wir

Wenn wir atmen gleiche Luft,
ich in deine Augen sehe,
wenn mich betört dein sinnlich Duft
dann ich wie auf Wolken gehe.

Über mir der Himmel blau und klar,
unten Weltgewusel fern und klein.
Alle Träume werden wahr,
nur noch Wir bestimmt das Sein.

Liebe 1

Ist die Liebe nur ein Wort,
fliegt sie einfach so hinfort!

Nur im Dasein und gelebt,
sie sich über allem hebt!

Liebe 2

Man kann Bösem entsagen,
Erfolg kann man jagen.

Im Mitleid ertrinken,
im Sumpf versinken.

Kann balgen, kann raufen,
ein Schiff kann man taufen.

Kann stehen oder gehen,
doch der Liebe nie widerstehen!

Der Kuss

Mal flüchtig,
mal zart,
mal innig,
mal hart.

So sinnlich, begierlich,
kein Wort sie fassen,
nur liebevoll und zierlich,
sie schmiegsam umfassen.

Kein Geist kann ersetzen,
kann Nähe so zeigen,
wie Lippen auf Lippen
im zärtlichen Reigen!

Sein auf dem Kissen

Kein Sein auf dem Kissen,
so tiefes Vermissen.
Kein Lächeln zur Nacht,
über'n Traum keine Wacht.
Du fehlst mir so sehr,
wünsch dich sehnlichst her.

Lebe Liebe

Was ist da Leben?
Ein Überleben,
ein Ableben,
ein Beleben,
ein Erleben?

Was ist die Liebe?
Ein Lieben,
ein Ablieben,
ein Belieben,
ein Erlieben?

Lebe Liebe und liebe das Leben,
so lernst du Leben und auch Liebe geben!

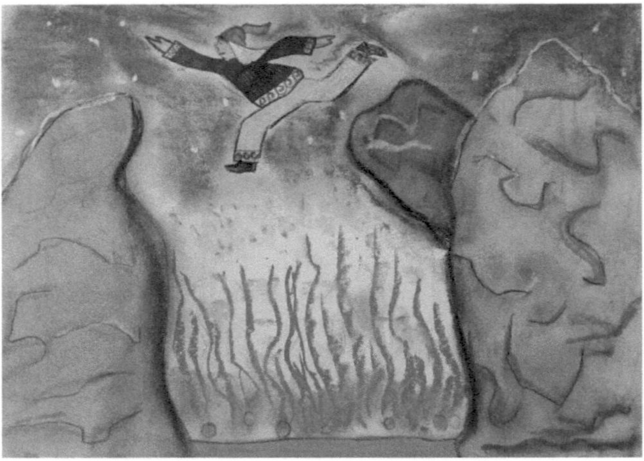

Abb. 25: Kinderzeichnung der Nanai

Abgrund

Hey Leute ihr denkt ich wäre Dreck,
tu was ich will, alles heiligt den Zweck.
Wo kommt er nur her, wo will er noch hin?
Was geht hier ab, was macht noch Sinn?

Am Boden des Leben, ganz unten im Sein,
für kein von Bedeutung, unendlich allein.
Geschlagen, misshandelt, von allen verflucht,
hab ich vor allem nach Liebe gesucht.

Zerfressen, geschunden, von Schönheit so fern,
ein Pickel an Leben, will platzen so gern.
Als Narbe verbleiben, wahrscheinlich so bleich,
auf jeden Fall am Ende, wie alle, als Leich!

Reue

Mein Leben ist alles, nur schön ist es nicht,
kein Mensch dieser Welt interessiert mein Gesicht.
Meine Geschichte nicht Bücher nur Akten mehr
füllt,
darin sich mein Schicksal sehr nüchtern enthüllt.

Hab Fehler, hab Taten so furchtbar gelebt,
dass selbst mir vorm Spiegel der Magen erbebt.
Würd's gern nochmal anders, viel sinnvoller
machen,
um somit mein Leben ganz neu zu entfachen.

Was bleibt sind vier Wände, 'ne Tür zum
verschließen,
viel Zeit zum Bereuen, zum Tränen vergießen.
Kann sühnen, kann flehen, kann nächtelang
wachen,
nur kann ich es leider nicht ungeschehen machen!

Trostlos

Hast nicht gelebt, hast nur mehr gelitten,
keiner hörte dein Flehen und Bitten.
Dann suchtest du deinen Weg hinaus,
wolltest nur fliehen vor all dem Graus.
Doch dein Weg hatte wenig Sinn,
wusstest ja nicht einmal wohin.
Zog's nur die Lehren aus deinem Sein,
nun machtest du die anderen klein.
Schlugst dich nicht durch, sondern alles was kam,
bis das letzte Gefühl in dir wurde lahm.
Gestrandet am Ufer der Trostlosigkeit,
tut dir das Elend um dich nicht mal leid.
Jedwed Gefühl ist von dannen geschwommen,
geprägt so von Wut, am End nur benommen.
Entschwunden in dir ist all Energie,
das richtige Tun, es gelang dir nie.
Der Kreis deines Lebens nun wird geschlossen,
dein Gegenüber hat soeben geschossen!

Mein Leben

Es ist mein Leben!
Ist es mein Leben?
Alle reden vom Sollen!
Doch ist es mein Wollen?

Ich will meine Fehler leben,
meine eigenen Chancen vergeben,
meine Erfahrungen durchbeben
und mein Ganzes dabei geben.

Will allein daraus dann lernen,
will mich nicht von mir entfernen.
Will nun meine Wege gehen,
will zu meinem ICH nun stehen!

Wut

Wut – unbändige Wut!
Sie streift mich, erreicht mich,
es geht mir nicht gut.
Was will sie?
Meine Zerstörung – Zersetzung?
Sie tut mir nicht gut – nie!
Schafft nur Verzweiflung – Verletzung!

Was kann ich tun?
Will mich nicht ergeben!
Wie kommt sie zum Ruhn,
bei all dem Erbeben.
Kann sie nur bezwingen
und treiben sie fort,
durch ständiges Ringen
mit Liebe im Wort!

Schau hin

Da wandert sie von Eimer zu Eimer,
ich sitz hier und bin nur ein Reimer.
Schaue zu und schaue hin,
such verzweifelt nach dem Sinn.

Sie zieht weiter ohne Beute,
fällt kaum auf bei all der Leute.
Mir jedoch im Hirn bleibt 's kleben,
frag warum sie muss so leben?

Nebeneinander und doch so entfernt,
haben wir Mitgefühl oft verlernt.
Nehmen nur Teil am eigenen Sein,
sind wir nur groß, wenn der andere klein?

Leben am Rande für sie so normal,
ihr Dasein für uns meist einfach banal.
Sie will kein Aufsehen, zu peinlich ihr Sein,
ich will es ändern und hoff nicht allein!

Paar Zeilen, kein Trost, doch rütteln will ich,
suche Verständnis, ein Herz, suche DICH!
Machen wir's zusammen, schau 'n hin und nicht
weg,
so wühlen, zu hoffen, immer weniger im Dreck!

Des Menschen Wert

Kann man den Wert
eines Menschen messen?

Ist 's nicht verkehrt
und völlig vermessen?!

Bombastische Sinnlosigkeit

Bomben als Antwort auf sinnlose Gewalt,
gibt es mehr Sinnlosigkeit, gibt es noch Halt?
Zu stoppen den Irrsinn, ist einzig voll Sinn,
denn wo soll der Wahnsinn letztendlich noch hin?!

Abb. 26: „Die Tragende“,
Mahn- und Gedenkstätte Ravensbrück

Nebel über Ravensbrück

Langsam folg ich schweren Schritten
Kopfstein unter Schmerz gebor'n,
ach, wie sehr ward hier gelitten,
wie viel Leben hier verlor'n.

Schemenhaft gleich nebulös
stehen trübe, milchig Mauern;
undurchdringlich – drohlich – bös
Steine, die wie Schergen lauern.

Ist kein Himmel heut in Sicht,
füllt doch Nebel all die Räume,
nimmt der Hoffnung alles Licht
und der Menschheit alle Träume.

War das Gräuel zuhause hier,
hatte Wahnsinn so Methode?
Männer, Frauen, Kinder – WIR
kamen hier zu Tode!

Abbildungsverzeichnis

Abb. 22: Fest der Itelmenen auf Kamtschatka, Kinderzeichnung, in *Kinder malen ihre Welt*, S. 30.
Abb. 23: Am Paulssee, Kornelia Gade, 2013.
Abb. 24: Kinderzeichnung der Nanai, Julja Anosova, in *Nanajskie skazki*, S. 211.
Abb. 25: Kinderzeichnung der Nanai, Alina Dranišnikova, in *Nanajskie skazki*, S. 21.
Abb. 26: „Die Tragende" (Will Lammert), Mahn- und Gedenkstätte Ravensbrück, Ulrich Kasten, 2013.

Ėčgan, Arbeitshefte für den korjakischen Schulunterricht in Kamtschatka. E. Kasten, A. Urkačan (Hrsg.). Fürstenberg/Havel: Kulturstiftung Sibirien, 2011.
Kinder malen ihre Welt. E. Kasten. Münster u. a.: Waxmann Verlag, 1998.
Nanajskie skazki [Erzählungen der Nanai]. E. Kasten, R. A. Bel'dy, T. D. Bulgakova (Hrsg.). Fürstenberg/Havel: Kulturstiftung Sibirien, 2012.

Der Autor

Ralf Wojtkowiak, geb. 1963 in Gelsenkirchen, arbeitete nach einer Handwerksausbildung und dem Studium der Sozialarbeit über 20 Jahre als Bewährungshelfer im Ruhrgebiet. Neben seiner Tätigkeit vor allem mit Gewalttätern ist er Mitglied der Umweltschutzorganisation Greenpeace und unterstützt Greenpeace Russland sowie die Menschenrechtsorganisation Amnesty International. Seine Gedichte spiegeln Gedanken und eigene Lebenserfahrungen wider. Dabei nähert er sich in poetischer Weise alltäglichem, aber zum Teil auch tabuisiertem Geschehen, immer auf der Suche nach dem natürlichen, menschlichen Miteinander sowie nach einem Leben im Einklang mit der Natur.

Anett C. Oelschlägel

Plurale Weltinterpretationen: Das Beispiel der Tyva Süd-sibiriens

2013, Fürstenberg/Havel:
Kulturstiftung Sibirien
308 pp., 103 colour photos
Euro 32; paperback
ISBN: 978-3-942883-13-9
Studies in Social and Cultural Anthropology
http://www.siberian-studies.org/publications/studies.html

Bulgakova, Tatiana

Nanai Shamanic Culture in Indigenous Discourse

2013, Fürstenberg/Havel:
Kulturstiftung Sibirien
264 pp., 5 Farbabbildungen,
Euro 28, USD 39; paperback
ISBN: 978-3-942883-14-6

Studies in Social and Cultural Anthropology
http://www.siberian-studies.org/publications/studies.html

Кастен Э. (отв. редактор), Бельды Р.А., Булгакова Т.Д. (редакторы):
Нанайские сказки
[Nanai tales, Nanai / Russian]

2012, Fürstenberg/Havel:
Kulturstiftung Sibirien
268 pp., 24 colour photos,
Euro 26, USD 28, paperback
ISBN: 978-3-942883-06-1
Languages and Cultures of the Russian Far East
http://www.siberian-studies.org/publications/lc.html

Kasten, Erich and Tjeerd de Graaf (eds.)

Sustaining Indigenous Knowledge

2013, Fürstenberg/Havel: Kulturstiftung Sibirien
284 pp., 22 colour photos
Euro 26, USD 35; paperback
ISBN: 978-3-942883-122

Exhibitions & Symposia
http://www.siberian-studies.org/publications/exsym.html

Kasten, Erich (Hg.)

Reisen an den Rand des Russischen Reiches

2013, Fürstenberg/Havel: Kulturstiftung Sibirien
320 pp., 9 Farbabbildungen,
Euro 32, USD 44; paperback
ISBN: 978-3-942883-160

Exhibitions & Symposia
http://www.siberian-studies.org/publications/exsym.html

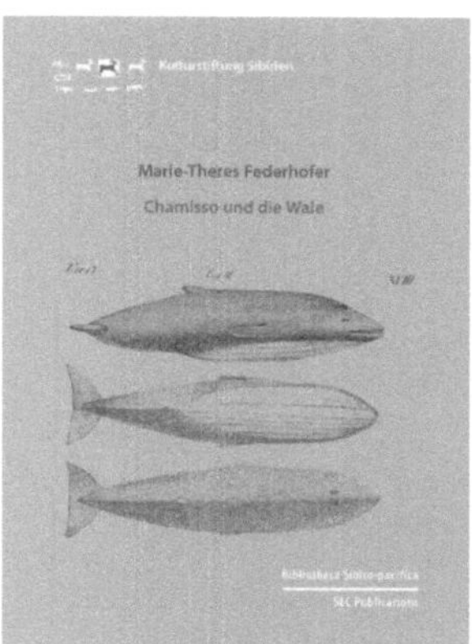

Marie-Theres Federhofer

Chamisso und die Wale

2012, Fürstenberg/Havel: Kulturstiftung Sibirien
132 pp., 23 colour photos
Euro 28, hardcover
ISBN: 978-3-942883-85-6

Bibliotheka Sibiro-Pacifica
http://www.siberian-studies.org/publications/bisp.html